J. DE HÉNAUT

LE GENRE

DES

SUBSTANTIFS FRANÇAIS

LIBRAIRIE CH. DELAGRAVE

LE GENRE

DES

SUBSTANTIFS FRANÇAIS

COULOMMIERS

Imprimerie Paul BRODARD.

LE GENRE

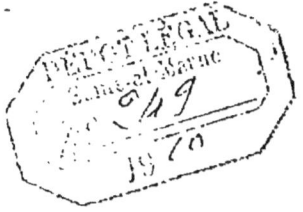

DES

SUBSTANTIFS FRANÇAIS

PAR

J. DE HÉNAUT

PARIS

LIBRAIRIE CH. DELAGRAVE

15, RUE SOUFFLOT, 15

1910

PRÉFACE

Cet ouvrage s'adresse à quiconque veut se familiariser rapidement avec le genre des substantifs français par un procédé direct, indépendant du latin et de la philologie, qui embrassent un champ beaucoup trop vaste pour s'attarder sur ce détail.

Cependant, quoiqu'il s'adresse à tous les étrangers, ce petit livre est fait spécialement pour les candidats aux affaires étrangères, au service diplomatique et autres concours difficiles, où connaître la langue française à fond, l'écrire et la parler d'irréprochable façon, est une condition *sine qua non*. Cela dit assez qu'à l'écrit comme à l'oral les erreurs dans le genre des noms sont éliminatoires, car ces erreurs-là, peut-être moins graves que certaines autres, sont plus ridicules, et, en outre, ont un contre-coup fatal sur toutes les parties variables du discours, ce qui produit, plus ou moins, l'effet suivant : — C'est au milieu du nuit que la tonnerre est tombée sur mon maison et l'a détruit; parmi tout ce que j'ai perdu, je regrette surtout une jolie petite meuble très précieuse, rapportée d'Égypte par mon frère —; il faudrait : — C'est au milieu de la nuit que le tonnerre est tombé sur ma maison et l'a détruite; parmi tout ce que j'ai perdu, je regrette surtout un joli petit meuble très précieux, rapporté d'Égypte par mon frère. — Nous ferons remarquer ici que ces examens-là étant notre objet principal, l'expression fort élastique de « langage courant » correspond, dans ce volume, aux connaissances générales de l'enseignement secondaire; langage dépassant souvent la portée maximum de l'instruction primaire; mais, d'autre part, très sobre de termes techniques, soit professionnels, soit scientifiques.

Entrer dans la mémoire par les yeux, telle est la raison de nos tableaux, la valeur exacte de chaque règle s'y juge par son pourcentage d'exceptions, exceptions rangées ensuite en colonnes, numérotées, toujours précédées par l'article défini ou indéfini, marque visible du genre. Cet arrangement, tout à fait inusité, a pour effet, nous l'avons expérimenté, de réaliser immédiatement, presque sans travail, un grand résultat pratique, et, une fois les meilleures règles assimilées, le reste s'apprend avec le moins de peine et de temps possible, ce qui est notre but, car le genre des noms, pour important qu'il soit, ne représente, après tout, dans la langue française, que l'a b c de la correction grammaticale, qui, à son tour, n'est que la partie élémentaire du vrai, du beau français à syntaxe élégante, simple et subtile, routinière et audacieuse, intransigeante dans sa multiforme clarté.

Notre but étant bien précisé, il ne nous reste plus qu'à remercier ceux qui nous ont donné de bons conseils, et, en particulier, M. Arthur Lloyd Baker, car ses observations très judicieuses nous furent d'un grand secours. Nous exprimerons aussi toute notre reconnaissance à M. E. Curtis — Principal of the Curtis-Peabody School, Boston, Massachusetts — dont l'école est la première du monde qui ait adopté notre ouvrage pour ses élèves.

J. DE HÉNAUT.

TABLE DES MATIÈRES

TROISIÈME FORME

GÉNÉRALITÉS

Terminaisons des noms. — Êtres humains. — Animaux. — Noms masculins par leur signification. — Noms féminins par leur signification. — Noms qui ne s'emploient qu'au singulier. — Noms qui ne s'emploient qu'au pluriel. — Noms ayant deux genres. — Remarque sur la classification.

TERMINAISONS DES NOMS

Les noms se terminent de trois manières :
1° par une consonne.
2° par une voyelle sonore (*toutes les voyelles*, **sauf -e muet**).
3° par un **e** muet.
Remarque : -é, -è, -ê, sont des voyelles sonores.
Mais -**e** **sans accent**, s'appelle : **e** muet.

ÊTRES HUMAINS

Quelle que soit la terminaison — **que ceci soit bien entendu une fois pour toutes** — les noms qui représentent un homme sont du masculin, exemples : un soldat ; un paria ; un prince ; etc.
Excepté :
1. La vigie.
2. Une recrue.
3. Une ordonnance.
4. La sentinelle.
5. Une vedette.
6. Une estafette.

Et ceux qui désignent une femme sont du féminin, exemples : une sœur ; une virago ; une madone ; etc.

Cependant, trois cas sont à remarquer :

1° Les noms où le dictionnaire met simplement — **n.** — sont du masculin ou du féminin, selon qu'ils s'appliquent à un homme ou à une femme ; exemples : un ou une camarade ; un ou une virtuose ; un ou une égoïste ; un ou une millionnaire ; le ou la cinquième.

2° Les noms que le dictionnaire déclare — **n. m.** — restent masculins, même quand ils servent, pour ainsi dire, de qualificatif à une femme, tels sont, entre autres : un peintre ; un sculpteur ; un témoin ; un guide ; un ange ; un modèle ; exemples :

Monsieur V. est un assez bon peintre.

Madame — — un — bon — .

    Monsieur A. sera un mauvais témoin.

Mademoiselle — — un mauvais — .

3° Les noms que le dictionnaire enregistre — **n. f.** — restent féminins, même quand ils qualifient un homme ; tels, beaucoup de titres, entre autres ; Une Majesté ; une Altesse ; une Excellence ; exemple :

Votre Majesté est-**elle** satisfaite ? Se dit également au roi et à la reine.

De même, parmi beaucoup d'autres : une personne ; une victime ; une dupe ; une bête ; une brute ; une connaissance ; une personnalité ; exemples :

Madame B. est une grande personnalité.

Monsieur — — une grande — .

Berthe est une dupe.

Henri — une dupe.

La jeune F. est une singulière énigme.

Le jeune — — une singulière — .

ANIMAUX

En principe, les noms qui désignent des animaux sont masculins ou féminins, selon qu'ils représentent un mâle ou une femelle ; exemples : le tigre, la tigresse (finale féminine ajoutée au masculin) ; le coq, la poule (noms différents). Toutefois, il faut le noter, nombre de quadrupèdes, d'oiseaux, de poissons, de reptiles, d'insectes, n'ont **qu'un genre** pour désigner l'espèce. L'éléphant, le rossignol, le saumon, le boa, le moustique, etc., n'ont pas de féminin. La panthère, une alouette, la sole, la vipère, la fourmi, etc., n'ont pas de masculin. Si l'on tient à préciser, l'on dit : un éléphant femelle ou la femelle de l'éléphant; la panthère mâle ou le mâle de la panthère.

Mais les noms qui représentent les divisions et subdivisions de la classification scientifique sont du masculin, pluriel ou singulier; exemples :

Les mammifères.	Les artiodactyles.
Les vertébrés.	Les ongulés.
Les placentaires.	Les vivipares.
Les ruminants.	Les cavicornes.
Les herbivores.	Les bovidés ou bovinés.

D'où il s'ensuit qu'**une vache** est **un** mammifère, un vertébré, un placentaire, un ruminant, un herbivore, un artiodactyle, un ongulé, un vivipare, un cavicorne, un bovidé ou boviné.

A titre de rarissime curiosité, nous citerons : **le lanier** — oiseau de proie, femelle du laneret, genre faucon —; c'est-à-dire, une femelle dont le nom personnel est masculin.

RÈGLE :	EXEMPLES :
Les jours.	Madame B. reçoit le lundi et moi le mardi; etc.
Les mois.	Cette année janvier est très doux ; etc.
Les saisons.	Un hiver rigoureux. Un printemps délicieux. Un été exceptionnel. Un bel automne.
Les points cardinaux.	La lumière du nord est la meilleure pour un atelier. Notre maison est en plein midi; etc.
Les vents et les perturbations atmosphériques.	Le mistral rend Marseille désagréable. Le simoun est fatal aux caravanes. Un gros orage. Un ouragan dangereux. Un cyclone effrayant; etc.

Excepté :

1. La mousson.
2. La galerne.
3. La tramontane.
4. La brise.
5. La bise.
6. Une rafale.
7. Une bourrasque.
8. Une tempête.
9. Une tourmente.
10. Une tornade ou tornada.

GÉOGRAPHIE :

Les pays,	Le Danemark, le Japon, le Chili, le Pérou, le Canada, le Guatemala, le Venezuela; etc.
Les villes,	Paris est beau, Pétersbourg est froid, Londres est grand, Versailles est intéressant; etc.
Les montagnes,	Le Taurus, le Liban, l'Himalaya, l'Etna, l'Atlas, le Saint-Gothard; etc.
Les fleuves, terminés par une **consonne** *ou par une* **voyelle sonore.**	Le Rhin, le Pô, le Mississipi, le Volga, le Niagara, le Delta, le Nil; etc.

Excepté :

1. La Nevada.
2. La Plata.
3. La Riviéra.
4. La sierra-Nevada.
5. La sierra-Morena.
6. La Duna.
7. La Léna.
8. La Bérésina.
9. La Néva.
10. La Moskova ou Moscova.

Les comtés d'Angleterre.	Le Lincolnshire, le Devonshire, le Somerset; etc.

RÈGLE :	EXEMPLES :
Les noms représentant le système métrique.	Un mètre de velours. Un gramme de quinine. Un kilo de chocolat. Un litre de vinaigre. Un franc de pommes; etc. **Excepté** : une livre.
Les figures de géométrie terminées par **-gone, -gle, -dre.**	Un pentagone, un polygone; etc. Un angle; un triangle; etc. Un dièdre, un icosaèdre; etc.
Les thés.	Le souchong a ma prédilection; etc.
Les cafés.	Le moka, le java, le martinique, le bourbon, le zanzibar; etc.
Les vins.	Le bourgogne, le bordeaux, le champagne, le sauternes, le romanée; etc. **Excepté** :

    1. La vinasse.   3. La piquette.
    2. La tocane.   4. La clairette.

qui, du reste, sont de mauvais vins.

Les fromages.	Le roquefort, un camembert, le bric, le marolles, le pomel, le hollande; etc.
Les fruits terminés par une **consonne** ou par une **voyelle sonore.**	Le muscat, le chasselas, le thomery, un ananas, un abricot, un brugnon; etc. **Excepté** : la panéa (*raisin noir cultivé à Nice*).
Les tabacs.	Le maryland, le macouba, le virginie; etc. **Excepté** : la vérine (*tabac d'Amérique*).
Les cigares.	Un havane, un londrès, un panatella; etc.
Les porcelaines.	Le vieux saxe est rare. Le sèvres est très estimé; etc.
Les bois d'ameublement et de chauffage.	Un beau palissandre. Un acajou foncé. L'érable est léger et solide. Le charme produit une belle flamme. Le chêne brûle lentement; etc. **Excepté** : une ébène.
Les arbres, les arbustes, toutes les plantes terminées par **-ier.**	Un grand peuplier. Un élégant palmier. Un laurier rose. Un rosier grimpant. Un fraisier couvert de fleurs. Un vieux marronnier. Un mancenillier remarquable. Un olivier aux longues feuilles. Un cerisier sauvage. Un abricotier mal greffé. Un figuier nain; etc.

RÈGLE :	EXEMPLES :
Les plantes usuelles terminées par -**a**.	Le réséda. Le seringa. Le mimosa. Un acacia. Un camélia. Un dahlia. Un magnolia. Un bégonia. Le gardénia. Le pétunia ; etc.
	Remarque : mais au point de vue technique de la botanique, les plantes terminées par -**a** sont à dose égale du masculin et du féminin.
Le nom des couleurs.	Le rouge. Le bleu. Le vert. Le jaune. Le rose. Le gris. Le pourpre ; etc. **Excepté** : une écarlate.
Le nom et les accidents des notes.	Un do, ré, mi, fa, sol, la, si. Un dièse, un double dièse. Un bémol, un double bémol. Un bécarre.
Les mouvements de musique.	Un largo. Un andante. Un presto ; etc.
Les lettres de l'alphabet.	Un a, b, c, d,... z.
Le nom des chiffres.	Un zéro. Un dix. Le trente. Le mille ; etc.
Le nom des langues.	Le français est la langue diplomatique. Le sanscrit est riche et flexible ; etc.
Les styles d'architecture.	Le gothique. Le toscan. Le composite ; etc.
Les styles d'ameublement.	Voici du rococo. Voilà du pur Louis XV ; etc.
Les genres littéraires.	Le tragique. Le comique. Le burlesque ; etc.
Le nom des religions, philosophies, formes politiques terminées par -**sme**.	Le christianisme. Le bouddhisme ; etc. Le confucianisme. Le panthéisme ; etc. L'impérialisme. Le césarisme ; etc.
Les âges de la terre.	L'archéolithique, l'archéozoïque, le primordial. Le paléolithique, etc. Le mésolithique, etc. Le cénolithique, etc. L'anthropolithique, etc.
Les couches géologiques.	Le laurentien. Le carbonifère. Le trias. L'éocène, le miocène, le pliocène, le pléistocène ; etc.
Les noms précédés par -**mi**.	Le mi-laine. Le mi-soie ; etc.
	Remarque : quand il s'agit d'un mélange. Mais, s'il s'agit d'une date ou d'un certain jour, les noms précédés par -**mi** sont du féminin, exemples :
	la mi-janvier. La mi-carême ; etc.

RÈGLE :	EXEMPLES
Les noms composés d'un verbe et d'un nom.	Un bouche-trou. Un brûle-parfums. Un cache-nez. Un coupe-file. Un crève-cœur. Un portefeuille. Un porte-bonheur. Un passe-droit. Un passe-temps. Un passeport. Un prête-nom. Un trompe-l'œil ; etc. **Excepté :**

1. Une garde-robe.	7. Une perce-muraille (plante).
2. Une garde-noble.	8. Une passerage —
3. Une tirelire.	9. Une passe-rose —
4. Une perce-neige (plante).	10. Une passe-pierre —
5. Une perce-pierre —	11. Une passe-fleur —
6. Une perce-feuille —	11. Une sauve-vie —

Les parties invariables du discours employées substantivement. *Infinitifs.*	« Et le financier se plaignait
	    Que les soins de la Providence
	N'eussent pas au marché fait vendre **le dormir**
	    Comme **le manger** et **le boire**. »
	                    La Fontaine.

Adverbes.	Répondez-moi par **un oui** ou par **un non. Le pourquoi** et **le comment**. Dieu seul connaît **tous les pourquoi** et tous **les comment. Le** grand **peut-être**. Plusieurs **peu** font un **beaucoup** ; etc.
Prépositions.	En toute chose, il faut peser **le pour** et **le contre**. A force de peser **les pour** et **les contre**, elle ne se décide jamais à rien ; etc.
Conjonctions.	Voilà **un si** qui ne me présage rien de bon. Avec **des si, des mais** et **des car**, l'on changerait la face du monde ; etc.
Interjections.	Pourquoi n'a-t-il pas mis **le holà** plus tôt? Pousser **des ho, des ha, des hélas** à n'en plus finir ; etc.

RÈGLE :	EXEMPLES :
Le nom des arts.	La littérature. La musique. La danse; etc.
Le nom des sciences.	La géologie. La botanique; etc.
Les danses terminées par -**a**.	La cachucha. La bamboula. La polka; etc.
La notation musicale.	Une ronde. Une blanche. Une noire. Une crèche, etc.
Les noms précédés par -**mi**.	Voir page 6.
Les noms qui sous-entendent : **fête de, à la manière, à la manière de.**	La Saint-Barthélemy. La Saint-Jean. La Noë (mais : *un beau Noël*); etc. Se draper à l grecque. Se coiffer à la Titus; etc.
Les fruits terminés par un -**e** *muet.*	Une pêche. Une fraise. La cerise. La figue. L poire. Une pomme. La banane. La reine-Claude La mirabelle. Une nèfle. Une mandarine; etc.
Les plantes terminées par -**aire** *et par* -**ée**.	La saponaire. La pariétaire. La serpentaire; etc La chicorée. Une azalée. Une orchidée; etc.
Le nom de famille des plantes.	Les liliacées. Les crucifères; etc. **Un gardénia es une** rubiacée; etc.
Les formes politiques terminées par -**ie**.	Une autocratie. Une monarchie. Une aristocratie Une oligarchie. Une ploutocratie. Une démo cratie; etc.

GÉOGRAPHIE :

Pays,	La Corée. La Crimée. La Russie (*la finale* — **ie** — donne un nombre considérable de noms san exception). La Martinique. La Biscaye. L'Au triche. La Pologne; etc.
Cours d'eau,	La Tamise. La Seine. La Loire. La Vistule. L Moselle. La Méditerranée. La Manche; etc.
Montagnes,	Les Alpes (*féminin pluriel*). Les Pyrénées (*f. p.*) Les Cévennes (*f. p.*). Les Vosges (*f. p.*); etc.
Villes, finissant par un -**e muet**.	Venise est mystérieuse. Rome est ancienne; etc.

Remarque : cette généralité, toutefois, a de trop nombreuses exceptions pour qu'il nous soit pos sible de les donner toutes; nous nous bornerons à quelques-unes.

GÉOGRAPHIE :

EXCEPTIONS :

Pays.

Le Bengale. Le Mexique. Le Perche.
Le Cachemire. Le Péloponèse. Le Maine.
Le Cambodge. Le Hanovre.

Cours d'eau.

L'Atlantique. L'Èbre. Le Rhône.
L'Adige. L'Euphrate. Le Tage.
L'Amazone. Le Gange. Le Tibre.
Le Bosphore. L'Orénoque. Le Tigre.
Le Danube. Le Pacifique. Le Zambèze.
L'Elbe. Le Pactole.

Montagnes.

Le Caucase. L'Olympe. Le Pinde.
L'Hymète. Le Parnasse. Le Vésuve.

Villes.

Même les grands dictionnaires esquivent la difficulté en énonçant ou en sous-entendant le mot — ville — exemple : Constantinople, ville très curieuse, m'a beaucoup plu. La difficulté, du reste, n'est pas dans l'article, qui ne se met généralement pas devant les noms de villes, mais dans le genre qu'il faut donner à l'adjectif, exemple : Marseille est **vieux**.

Villes qui prennent exceptionnellement l'article.

Au masculin :
1. Le Havre.
2. Le Pirée.
3. Le Caire.

Au féminin :
1. La Haye.
2. La Rochelle.
3. La Canée.
4. La Mecque.

L'article par emphase.

Le Paris de Henri IV.

La Rome des Césars.

RÈGLE :	EXEMPLES :
Les abstractions.	Aimer la justice. Admirer le courage; etc.
Le nom des sciences.	La chimie fait sans cesse de nouvelles découvertes; etc.
Le nom des arts.	La littérature explore le ciel et la terre; etc.
Le nom des métaux.	« Comment en un plomb vil, l'or pur s'est-il changé? » Racine.
Les infinitifs employés substantivement.	Les infinitifs employés substantivement ne s'emploient **qu'au masculin singulier**, exemple : le franc-parler; etc.
Les adjectifs abstraits — **ceux-là seulement** *pris substantiment.*	Ces adjectifs-là jouent un rôle considérable dans la langue française. Tout adjectif exprimant une qualité indépendante d'un objet concret peut s'employer substantivement; mais, **seulement au masculin singulier**, exemples : Le connu et l'inconnu. Le vrai et le faux. Le juste. Le grandiose; etc. **Excepté** : la superbe.

Observation : quelques écrivains ont essayé d'introduire — avoir des idéals ou idéaux —; mais, pour une oreille vraiment française, ce pluriel, actuellement, sonne encore en littérature comme une fausse note en musique.

Nota : les adjectifs qui s'emploient substantivement après avoir pris la forme féminine, sont, cela va sans dire, du féminin, exemples : prendre l'offensive ou la défensive. Une inconnue (*l'x mathématique*); etc.

Remarque : tous les autres adjectifs pris substantivement sous-entendent un nom dont ils prennent le genre et le nombre, exemples : un tonique (*un remède, un médicament tonique*). La tonique (*la note, la voyelle, la syllabe tonique*). La lettre *s* est la caractéristique du pluriel (*la lettre caractéristique*). Une typhoïde grave (*une fièvre typhoïde grave*). Le cinquième (*la 5ᵐᵉ partie* **d'un tout**). La cinquième (*la 5ᵐᵉ classe*). Le ou la cinquième (*homme ou femme — chose masculine ou féminine*). Quand il faisait sa quatrième, il était toujours dans le

Remarque :   dernier cinquième, son père lui avait cependant promis une belle récompense le jour où il serait seulement le dixième de sa classe. Un malheureux (*homme*). Une malheureuse (*femme*). Les malheureux (*êtres*); etc.

NOMS QUI NE S'EMPLOIENT QU'AU PLURIEL

QUELQUES EXEMPLES

Au masculin pluriel :

Avoir des tenants et des aboutissants.
Les confins de l'univers.
Être condamné aux frais et dépens.
Les apprêts d'un bal.
Les préparatifs d'un voyage.
Prendre ses ébats.
Aimer les beaux-arts.
Les fastes de la monarchie.
Être dans ses petits souliers.
Les derrières d'une armée.
Ses faits et gestes sont étranges.
Les émoluments d'un ambassadeur.
Les appointements d'un officier.
Les environs de Naples.
Les limbes de la pensée.
Les agrès d'un navire.
Jouer aux échecs.

Remarque : « Les us et coutumes d'un peuple » est une très bonne expression; mais — les us — sont du masculin pluriel, et — les coutumes — sont du féminin pluriel.

Au féminin pluriel :

Les ténèbres de l'ignorance.
Les fiançailles de Mademoiselle X.
Les funérailles de Madame K.
Les obsèques de Monsieur V.
Les catacombes de Rome.
Remettre aux calendes grecques.
Cultiver les belles-lettres.
Les annales de l'empire.
Les archives de la mairie.
Les approches d'une ville.
Fouiller les entrailles de la terre.
User de représailles.
L'on a vendu ses frusques, ses hardes et ses nippes.
Il lui a donné des arrhes.
Expliquez-vous sans ambages.
Il est bon à mettre aux petites-maisons.
Traîner quelqu'un aux gémonies.
Les armoiries de la famille R.
Les bonnes mœurs.
Faire ses humanités.
Aller sur les brisées de quelqu'un.

Toutes les grammaires indiquent les noms ayant deux genres, nous nous bornerons donc à quelques exemples plus ou moins curieux.

Sont du masculin :		Sont du féminin :	
Un fol amour (*masculin au singulier*).		De folles amours (*féminin au pluriel*).	
Un grand délice	—	De grandes délices	—
Un bel orgue	—	De belles orgues	—
Le bourgogne	(*vin*).	La Bourgogne	(*pays*).
Le champagne	—	La Champagne	—
Le brie	(*fromage*).	La Brie	—
Le hollande	—	La Hollande	—
Le martinique	(*café*).	La Martinique	—
Le virginie	(*tabac*).	La Virginie	—
Un havane	(*cigare*).	La Havane	—
Le saxe	(*porcelaine*).	La Saxe	—
Le chine	—	La Chine	—
Le turquie	(*maïs*).	La Turquie	—
Le bohème	(*cristal.*)	La Bohême	—
Le Perche	(*pays*).	Une perche	(*long bâton*).

Nota : l'un de ces deux noms-là figure forcément dans les listes d'exceptions; pour faire remarquer l'autre — celui qui est conforme à la règle — nous l'indiquerons entre parenthèse, comme suit :

Le renaissance (*style*, mais : *la Renaissance, époque*).

Si l'explication exige trop de mots, nous mettrons seulement : Un manche (mais : *une manche et la Manche*).

REMARQUE SUR LA CLASSIFICATION

Dans toutes les listes d'exceptions — nous attirons l'attention sur ce point-là — il faut bien comprendre que, d'accord avec les règles, toute notre classification est basée sur la **terminaison des noms**, groupés d'après la **similitude de la syllabe finale**, ce qui est **le contraire** de l'ordre alphabétique dont on a l'habitude.

NOMS TERMINÉS

SOIT PAR UNE CONSONNE, SOIT PAR UNE VOYELLE SONORE

Plus de dix mille noms se terminent soit par une consonne :

-b, -c, -d, -f, -g, -h, -k, -l, -m, -n, -p, -q, -r, -s, -t, -w, -x, -z.

Il n'y a point de noms terminés par -j ni par -v ;
Soit par une voyelle sonore :

-a, -é, -i, -o, -u, -y (toutes les voyelles, sauf -e muet).

En principe, ils sont du masculin.
Pour se rendre maître des exceptions difficiles, il suffit de prêter quelque attention :

1º aux noms terminés par **-é** (Voir page 16).
2º   —   —   par **-n**   —
3º   —   —   par **-r**   —

Nota : Toute la difficulté se réduit à bien comprendre la page 16.

RÈ‹

NOMS MASCULINS TERMINÉS SOIT PAR

—

—

Noms masculins termi-
nés par :

a	environ	800	excepté	25
b	—	25	—	0
c	—	125	—	0
d	—	200	—	0
*é	—	200	—	6
f	—	100	—	3
g	—	50	—	0
h	—	50	—	0
i	—	200	—	5
k	—	100	—	0
l	—	300	—	1
m	—	150	—	1
*n	—	1,200	—	32
o	—	150	—	0
p	—	30	—	0
q	—	5	—	0
*r	—	1,525	—	15
s	—	500	—	7
t	—	2,000	—	10
u	—	400	—	5
w	—	15	—	1
x	—	100	—	9
y	—	50	—	2
z	—	25	—	0

environ 8,300 excepté 122

* Voir page 16.

-a.

1. La polka (et toutes les danses terminées par : -a).
2. Une véranda.
3. La gutta-percha.
4. La sépia.
5. La malaria.
6. Une victoria.
7. La maestria.
8. La fantasia.
9. Une razzia.
10. Une tombola.
11. La villa.
12. La douma.
13. La jettatura.
14. La vendetta.
15. Une influenza.
16. La Nevada (géographie).
17. La Riviéra —
18. La Plata —
19. La sierra-Nevada —
20. La sierra-Morena —
21. La Bérésina —
22. La Duna —
23. La Léna —
24. La Moscova ou Moskova —
25. La Néva —

-é.

1. Une clé.

2. Une psyché.
3. Une amitié.
4. Une inimitié.
5. La moitié.
6. La pitié.

-f.

1. Une clef.
2. Une nef.
3. La soif.

-i.

1. La merci (mais : un ci).
2. La fourmi (animal)
3. La foi.
4. La loi.
5. Une paroi.

-l.

1. La béchamel (sauc
La Noël (voir page 8)

-m.

1. La faim.

-n.

1. La fin.
2. La main.
3. Une fanchon (-on
4. La façon (-çon
5. La contrefaçon —
6. Une leçon —
7. Une rançon —

ÉNÉRALE

ONSONNE, SOIT PAR UNE VOYELLE SONORE.

GÉNÉRALE EN LANGAGE COURANT :

8. Une cloison (-**son**).
9. Une chanson —
10. La foison —
11. La guérison —
12. Une garnison —
13. Une pâmoison —
14. Une prison —
15. Une trahison —
16. Une toison —
17. Une boisson (-**sson**).
18. La cuisson —
19. La moisson —
20. La mousson —
21. La fière Albion (-**ion**).
22. Une succion —
23. La suspicion —
24. La fashion —
25. La rebellion —
26. Une union —
27. La désunion —
28. La réunion —
29. Une trade-union —
30. Une opinion —
31. La communion —
32. Une alluvion —

-r.

1. Une cuiller.
2. La mer.
3. La chair.
4. La cour.
5. Une basse-cour.

6. Une tour (mais : *un tour*).
7. Une tumeur.
8. La moiteur.
9. La sueur.
10. Une liqueur.
   Noms concrets ou abstraits, selon le sens, mais toujours féminins :
11. La faveur.
12. La fleur.
13. L'humeur.
14. Une primeur.
15. La vapeur.

-s.

1. Une fois.
2. Les mœurs (*fém. plur.*).
3. Une oasis.
4. Une vis.
5. Une brebis (*animal*).
6. Une souris —
7. Une chauve-souris —

-t.

1. La forêt.
2. La nuit.
3. La dot.
   La mi-août (voir page 6).
4. La part.
5. La plupart.

6. La quote-part.
7. La mort.
8. Une dent.
9. La gent.
10. Une jument (*animal*).
    La Toussaint (v. page 8).

-u.

1. Une tribu.
2. La glu.
3. La vertu.
4. Une eau.
5. La peau.
   La fête-Dieu (v. page 8).

-w.

1. Une interview.

-x.

1. La paix.
2. La chaux.
3. La faux (mais : *le faux*).
4. La noix.
5. La poix.
6. La croix.
7. La voix.
8. La toux.
9. La perdrix (*animal*).

-y.

1. La nursery.
2. Une garden-party.

NOMS **FÉMININS**

En dehors des exceptions inhérentes à la règle générale, il y a trois exceptions f imoprtantes.

1° En chiffres ronds, sur les 750 noms terminés par -ĉ, environ 200 appartienn à la règle générale et sont du masculin; environ 550 sont du féminin, mais ils n' qu'une forme : -tĉ; ce qui permet de conclure : **tous les noms terminés par sont masculins, sauf ceux qui finissent par -tĉ.**

2° En chiffres ronds, sur les 2,600 noms terminés par -**n**, environ 1,200 apppa tiennent à la règle générale et sont du masculin; environ 1,400 sont du féminin, m ils n'ont que cinq formes : -**son** précédé de -**ai**, et -**ion** précédé de **g, s, t,** ce qui permet de conclure : **tous les noms terminés par -n sont masculi excepté ceux qui finissent par -aison, -gion, -sion, -tion, -xion.**

3° En chiffres ronds, sur les 1,600 noms terminés par -**r**, environ 1,525 appartie nent à la règle générale et sont du masculin; environ 75 sont du féminin, mais ils n' qu'une forme : -**eur**. Toutefois, cette forme unique exige un peu de réflexion.

Premièrement, il faut le remarqüer, un nombre considérable de noms terminés -**eur** représentent soit des hommes — un inventeur —, soit des machines — ascenseur —, soit des instruments — un sécateur —, soit des objets matériels — indicateur —; en un mot : des noms concrets, ceux-là sont masculins, hors les ne exceptions données à la règle générale, page 15.

Secondement, environ 75 noms terminés par -**eur** représentent des noms abstrai des qualités n'ayant pas de réalité matérielle, indépendantes de tout object concr exemples : la douceur, la blancheur, la splendeur, etc. (voir page 52 les noms abstra — féminins — terminés par -**eur**), ces noms-là sont féminins, hors les onze exceptio données page 17.

Ce qui permet de conclure : **tous les noms terminés par -r sont masculir hormis les noms abstraits terminés par -eur.**

Sont du **féminin** :

Environ	550 noms	terminés par	-é, forme unique :	**-té.**	Excepté :	12
—	1,400	—	**-n,** cinq formes :	1 **-aison.**	—	0
				2 **-gion.**	—	0
				3 **-sion.**	—	0
				4 **-tion.**	—	1
				5 **-xion.**	—	0
—	75 **abstraits** —		**-r,** forme unique :	**-eur.**	—	11
—	2,025				—	24

EXCEPTIONS AUX NOMS **féminins** EN LANGAGE COURANT :

1° **-té.**

1. Un traité.
2. Un comté.
3. Un comité.
4. Un côté.
5. Un arrêté.
6. Un pâté.
   Un été (*généralité — les saisons sont du masculin,* voir page 4).
7. Un aparté.
8. Le doigté.
9. Le velouté.
10. Un précipité.
11. Le bénédicité.
12. Le mont-de-piété.

2° **-tion.**

1. Le bastion.

3° **-eur** (abstractions).

1. Le labeur.
2. L'heur ou le bonheur.
3. Le malheur.
4. L'honneur.
5. Le déshonneur.
6. L'intérieur.
7. L'extérieur.
8. L'équateur.
   Le meilleur (*adjectif abstrait pris substantivement,* voir page 10).
   Noms abstraits ou concrets, selon le sens, mais toujours masculins.
9. Le cœur.
10. Le chœur.
11. Le facteur.

Dans tout le tableau alphabétique, la finale -**a** est la seule qui présente un sensible désaccord entre le langage technique et le langage courant. Les noms techniques (principalement en zoologie et en botanique), étrangers ou peu usités, sont, à dose égale, du masculin et du féminin. Les noms d'un emploi journalier sont nettement masculins, hors les exceptions données page 14.

Vu ce cas spécial, nous donnerons la plupart des **noms masculins les plus usités dans la finale a** :

Le Jura (*géographie*).	Un hortensia (plante).	Un gala.
Le Canada —	Le coca —	Le falbala.
Le Guatemala —	Le kola —	Le tralala.
Le Venezuela —	L'alfa —	Le holà.
L'Himalaya —	Le colza —	Le fla-fla.
L'Etna —	Le thuya —	Un panorama.
Le Volga —	Un dada (*animal*).	Un tréma.
Le Niagara —	Le chinchilla —	Un panama.
Le Parana —	Uc angora —	Le quinquina.
Le Delta —	Un cobra —	Le baccara.
Le Scylla —	Un boa —	Le choléra.
Le réséda (*plante*).	Un baba.	Un opéra.
Le seringa —	Le mica.	Le phylloxéra.
Le mimosa —	Le tapioca.	Un hourra.
Un acacia —	Le soda.	Un extra.
Un camélia —	Un agenda.	Un visa.
Un dahlia —	Un fa.	Un duplicata.
Un magnolia —	Un sofa.	Le prorata.
Un bégonia —	Un alpaga.	Un aléa.
Un gardénia —	Le malaga.	Un alinéa.
Un pétunia —	Le brouhaha.	Un charabia.
Un fuchsia —	Le moka.	Un alléluia.

NOMS

TERMINÉS PAR UN e MUET

En chiffres ronds, dix mille noms féminins et cinq mille noms masculins se terminent par un -e muet.

Ces noms ont trois formes.

PREMIÈRE FORME

Un -e muet précédé par une ou plusieurs voyelles, c'est-à-dire : -ée; ie (et ses diphtongues : -aie, -oie, -uie); -ue (et ses diphtongues : -eue, -ieue, -oue; et, en outre : -gue, -que); -ye.

Il n'y a point de noms terminés par -ae ni par -oe.

DEUXIÈME FORME

Un -e muet précédé par deux consonnes dissemblables qui forment avec lui la syllabe finale, c'est-à-dire : -che, -phe, -rhe, -the. -Ble, -cle, -fle, -gle, -ple. -Gne. -Bre, -cre, -dre, -fre, -gre, -pre, -tre, -vre.

Dans cette espèce, il n'y a que ces combinaisons-là.

TROISIÈME FORME

Un -e muet précédé d'une consonne, c'est-à-dire : **be, ce, de, fe, ge, je, ke, le, me, ne, pe, re, se, te, ve, xe, ze.**

Il n'y a point de noms terminés par -he, sauf dans la deuxième forme, ni par -qe, ni par -we.

Cette troisième forme est assez compliquée, car elle oblige à considérer si sa **pénultième** (*avant-dernière syllabe*) se termine :

1° par une **voyelle**,

2° par une **consonne semblable**,

3° par une **consonne dissemblable**.

A titre d'exemple, nous exposerons les variétés de la finale **-te** la plus complexe de toutes :

1° -ate, -ète, -ite, -ote, -nte, -yte.

2° -tte.

3° -cte, -hte, -lte, -mte, -nte, -pte, -rte, -ste, -xte.

Les noms terminés par -fe, -se, -ve, sont (*hors leurs exceptions*) du **féminin sous toutes les formes.**

Les quelques noms terminés par **-je, -ke, -xe, -ze,** sont inclassables.

Donc, les finales difficiles de la troisième forme se réduisent à dix : **-be, -ce, -de, -ge, -le, -me, -ne, -pe, -re, -te.**

Bien remarquer que **-ble, -cle, -fle, -gle, -ple,** terminés par : **-le ; -gne,** terminé par : **-ne ; -bre, -cre, -dre, -fre, -gre, -pre, -tre, -vre,** terminés par **-re** ; appartiennent à la **deuxième forme.**

Nota : Pour tous les noms terminés par un -e muet toute la difficulté se réduit à bien comprendre les trois divisions de la troisième forme, **toujours classée par la suite d'après la dernière lettre de sa pénultième —** avant-dernière syllabe — et toujours dans l'ordre ci-dessus indiqué.

Sont du féminin environ 300 noms terminés par : **-ée.** Excepté : **21**
— 1,000 — **-ie.** — **4**
— 25 — **-ye.** — **1**
— 150 — **-che.** — **17**
— 1,475 — **43**

EXCEPTIONS A CES RÈGLES EN LANGAGE COURANT :

-ée.

1. Un scarabée.
2. Le gynécée.
3. Le caducée.
4. Le lycée.
5. Un spondée.
6. L'apogée.
7. Le périgée.
8. Un hypogée.
9. Un trophée.
10. Un mausolée.
11. Un camée.
12. Le prytanée.
13. Un athénée.
14. Un hyménée.
Le romanée (*vin, généralité, les vins sont du masculin*).
15. Le raz-de-marée. (mais : *la marée*).
16. Le Pirée.
17. Un empyrée.
Le borée (*vent, généralité,* voir page 4).
18. Le colisée.
19. Un élysée.

20. Un musée.
21. Un rez-de-chaussée. (mais : *la chaussée*).

-ie.

1. Le génie.
2. Un incendie.
3. Le foie.
4. Un parapluie. (mais : *la pluie*).
Le brie (*fromage, généralité,* mais : *la Brie, pays*).

-ye.

1. Un cobaye. (*cochon d'Inde*).

-che.

1. Un relâche. (mais : *une relâche*).
2. Le panache.
Le grenache (*vin, géné-* ralité, *tous les vins sont du masculin*).
3. Le campêche.
4. Le prêche.
5. Un caniche.
6. Un acrostiche.
7. Un hémistiche.
8. Un pastiche.
9. Un postiche.
10. Un fétiche.
11. Un coche (mais : *une coche*).
12. Un reproche.
13. Un oiseau-mouche. (mais : *une mouche*).
14. Un cartouche (mais : *une cartouche*).
15. Un manche (mais : *une manche et la Manche*).
Le dimanche (*jour, généralité, les jours sont du masculin*).
16. Le Perche (*pays,* mais : *une perche*).
17. Un porche.

Sont du féminin environ	50	noms terminés par :	-gne.	Excepté :	9
—	50	—	-ace.	—	1
—	300	—	-nce.	—	2
—	150	—	-ade.	—	5
—	75	—	-ude.	—	2
—	50	—	-nde.	—	4
—	50	—	-rde.	—	1
—	40	—	-fe.	—	4
—	40	—	-rge.	—	3
—	805	—		—	29

EXCEPTIONS A CES RÈGLES EN LANGAGE COURANT :

gne.

1. Le bagne.
2. Un pagne.
Le champagne et le bourgogne (*vins*, mais : *la Champagne et la Bourgogne*, *pays*).
3. Un règne et un inter-règne.
4. Un signe.
5. Un insigne.
6. Un cygne.
7. Un interligne.
8. Un entreligne.
Un tire-ligne (voir page 7, mais : *une ligne*).
9. Un peigne.

-ace.

1. Un espace.

-nce.

1. Le silence.

2. Un quinconce.
Le rance (*adjectif généralité*).
Le renaissance (*style-gén.*, mais : *la Renaissance, époque*).

-ade.

1. Le jade.
2. Un grade.
3. Un stade.

-ude.

1. Un prélude.
2. Le coude.

-nde.

1. Un multiplicande.
2. Un dividende.
3. Le monde (mais : *une mappemonde*).
4. Le Pinde.
Un hollande (*fromage*, mais : *la Hollande*, *pays*).

-rde.

1. Un exorde.
L'absurde (*adj. généralité*).

-fe.

Féminin sous toutes les formes.
1. Le parafe (ou *le paraphe*).
2. Un greffe (mais : *la greffe*).
3. Un hippogriffe (mais : *une griffe*).
4. Un golfe.

-rge.

1. Le large.
2. Un cierge.
3. Un rouge-gorge (*oiseau*, mais : *la gorge*).
Un coupe-gorge (voir page 7).

Sont du féminin environ 150 noms terminés par : **-ale.** Excepté : 13

—	100	—	**-ole.**	—	10
—	350	—	**-lle.**	—	12
—	75	—	**-ane.**	—	9
—	75	—	**-ène.**	—	6
—	750	—		—	50

EXCEPTIONS A CES RÈGLES EN LANGAGE COURANT :

-ale.

1. Le chrysocale.
2. Un dédale.
3. Un scandale.
4. Le Bengale.
5. Le hâle.
6. Un châle.
7. Un Bucéphale (*et autres noms terminés par :* -**céphale.**
8. Un mâle.
9. Un finale (mais : *une finale*).
10. Le râle.
11. Un pétale.
12. Un ovale.
13. Le pale-ale.

-ole.

1. Un symbole.
2. Le protocole.
3. Un môle.
4. Le pôle.
5. Un monopole.
6. Un rôle.
7. Le contrôle.

8. Le pétrole.
9. Le capitole.
10. Le Pactole.

-lle.

1. Un intervalle.
2. Un libelle.
3. Un violoncelle.
4. Le vermicelle.
5. Un bacille.
6. Un codicille.
7. Un gorille.
8. Un quadrille.
9. Un trille.
10. Un vaudeville.
11. Le chèvrefeuille.
12. Le tulle.
Un manille (*cigare,* mais : *la manille, jeu*).
Un mille (*chiffre, généralité*).
Un portefeuille (voir page 7, mais : *une feuille*).

-ane.

1. Un arcane.

2. Un organe.
3. Un aéroplane.
4. Un quadrumane.
5. Un âne.
6. Un coq-à-l'âne.
7. Un crâne.
8. Le filigrane.
9. Un platane.
Un havane (*cigare,* mais : *la Havane, pays*).

-ène.

1. Un chêne.
2. Un frêne.
3. Le sans-gêne (mais : *la gêne*).
4. Un phénomène.
5. Un pène.
6. L'oxygène (*et autres produits chimiques terminés par :* -**ène.**
L'éocène, etc. (*couches, géologiques, généralité*).

Sont du féminin environ	1,500	noms terminés par :	-ine.	Excepté :	6
—	25	—	-une.	—	2
—	50	—	-nne.	—	1
—	50	—	-rne.	—	7
—	20	—	-ape.	—	0
—	20	—	-upe.	—	1
—	15	—	-ppe.	—	0
—	25	—	-mpe.	—	3
—	500	—	-ure.	—	6
	2,205				**26**

EXCEPTIONS A CES RÈGLES EN LANGAGE COURANT :

-ine.

1. Le platine (*métal*; mais : *la platine, plaque*).
2. Un magazine.
3. Un domaine.
4. Un patrimoine.
5. L'antimoine.
6. Un pivoine (*oiseau*; mais : *une pivoine, fleur*).

Remarque : les centaines de **produits chimiques** terminés par -ine sont, d'accord avec la règle, du féminin.

-une.

1. Le jaune.
2. Le jeûne.
Le beaune (*vin, généralité*).

-nne.

1. Un renne.

-rne.

1. Un orne.
2. Le capricorne.
3. Un bicorne. Un tricorne (*chapeau*; mais : *une corne*).
4. Un morne.
5. Un nocturne.
6. Le saturne.
7. Un cothurne. Le falerne (*vin, généralité*).

-upe.

1. Un groupe.

-mpe.

1. Un hippocampe.
2. Un cul-de-lampe (mais : *une lampe*).

3. L'Olympe. (Voir : *montagnes*, page 9).

-ure.

1. Un augure.
2. Un parjure.
3. Un murmure.
4. Un quart d'heure (mais : *une heure*).
5. Le Centaure.
6. Le Minotaure.

Remarque : les nombreux **produits chimiques** terminés par -ure sont du **masculin**, exemples :
Le carbure.
Le mercure.
L'iodure.
Le sulfure.
Le bromure.
Le cyanure.
Le chlorure, etc

Sont du féminin environ	500	noms terminés par :	-se.	Excepté :	17
—	100	—	-ate.	—	4
—	50	—	-ète.	—	3
—	1,500	—	-ite.	—	9
—	2,150	—		—	33

EXCEPTIONS A CES RÈGLES EN LANGAGE COURANT :

-se.

féminin sous toutes les formes. (Voir page 9 :
Le Caucase.
Le Péloponèse.
Le Parnasse.)
1. Un Pégase.
2. Un ukase.
3. Un gymnase.
4. Un vase.
(mais : *la vase*).
5. Un steeple-chase.
Un dièse (*généra-lité*).
6. Un diocèse.
7. Un cytise.
8. Un malaise.
Le grandiose (*adjectif abstrait, généralité.*)
Le rose (*couleur, généralité*, mais : *la rose, fleur*).
9. Un workhouse.
10. Un narcisse.
11. Un molosse.
12. Un carosse.

13. Un pousse-pousse.
14. Le sconse.
15. Le gypse.
16. Un torse.
17. Un thyrse.

-ate.

1. Un aromate.
2. Un automate.
3. Un stigmate.
4. L'Euphrate.
Remarque : les nombreux **produits chimiques** terminés par -ate, sont du **masculin**, exemples :
Le sulfate.
Le carbonate.
Le chlorate.
Le phosphate, etc.

-ète.

1. Le diabète.
2. Un tête-à-tête.
3. Un en-tête.
Un casse-tête (voir page 7, mais : *la tête*).

-ite.

1. Un anthracite.
2. Un plébiscite.
3. Un gîte.
4. Un satellite.
5. Le lazulite.
6. Le mérite.
7. Le démérite.
8. Un site.
9. Le faîte.
Le composite (*style, généralité*, voir page 6).
Remarque : les centaines de **produits chimiques** terminés par -ite, sont, d'accord avec la règle, du **féminin. Excepté** :
Le sulfite et ses composés, bisulfite, etc.
Le phosphite et ses composés.
Le chlorite.
Un arsénite.
Le nitrite.
Un azotite.

Sont du féminin environ	50	noms terminés par :	-ote.	Excepté :	3
—	50	—	-ute.	—	2
—	330	—	-tte.	—	2
—	100	—	-nte.	—	3
—	25	—	-rte.	—	2
—	150	—	-ve.	—	10
—	725	—		—	22

EXCEPTIONS A CES RÈGLES EN LANGAGE COURANT :

-ote.

1. Un entre-côte.
   Un garde-côte (*bateau*, voir page 7 : *noms composés d'un verbe et d'un nom ; mais : une côte*).
2. Un antidote.
3. Un azote.

-ute.

1. Le doute.
2. Un parachute (mais : *une chute*).

-tte.

1. Un squelette.
2. Un quintette.
   Le mahratte (*langue, généralité, le nom des langues est du masculin*).

-nte.

1. Le farniente.
2. Un conte.
3. Un mastodonte.
   L'alicante (*vin, les vins sont du masculin,* voir page 5).
   Un andante (*les mouvements de musique sont du masculin,* voir page 6).
   Un trente.
   Un quarante.
   Un cinquante, etc. (*généralité, le nom des chiffres est du masculin*).

-rte.

1. Un cloporte.
2. Le myrte.

-ve.

féminin sous toutes les formes.

1. Un gave.
2. Un conclave.
   Le grave (*adjectif abstrait, généralité*).
3. Un rêve.
   Le qui-vive! (*interjection, généralité*).
4. Un glaive.
5. Un ove (*architecture*).
6. Un effluve.
7. Le Vésuve.
8. Un fauve.
   Le mauve (*couleur, généralité, mais : la mauve, plante*).
9. Un fleuve.
10. Un terre-neuve.

Sont du masculin environ	75	noms terminés par :	-phe.	Excepté :	7
—	50	—	-ble.	—	6
—	50	—	-cle.	—	4
—	25	—	-ple.	—	3
—	50	—	-dre.	—	7
—	250	—	-tre.	—	22
—	500	—	—	—	49

EXCEPTIONS A CES RÈGLES EN LANGAGE COURANT :

-phe.
1. Une épigraphe.
2. Une orthographe (*hors ces deux-là, les noms terminés par* **-graphe** *sont masculins*).
3. Une épitaphe.
4. Une strophe.
5. Une apostrophe.
6. Une catastrophe.
7. La lymphe.

-ble.
1. Une fable.
2. Une table.
3. Une étable.
4. La bible.
5. Une cible.
6. Une chasuble.

-cle.
1. La débâcle.
2. Une racle.
3. Une boucle.
4. Une escarboucle.

-ple.
1. Une andrinople, (*étoffe rouge*).
2. Une couple (mais : *un couple*).
3. Une accouple.

-dre.
1. Une escadre.
2. Une salamandre.
3. La cendre.
4. Une hydre.
5. La foudre (mais : *un foudre*).
6. La poudre.
7. La Flandre.

-tre.
1. Une chartre.
2. Une dartre.
3. Une lettre.
Une contre-lettre.
Une carte-lettre.
4. Une fenêtre.
5. Une guêtre.
6. Une épître.
7. Une mitre.
8. Une vitre.
9. Une rencontre.
10. Une malencontre.
11. Une haute-contre.
12. Une montre.
13. Une outre.
14. Une poutre.
15. Une piastre.
16. La dextre.
17. La senestre.
18. Une patenôtre.
19. Une litre (*tenture mortuaire*, mais : *un litre, mesure.* Voir : *mètre et litre*, page 5, *système métrique*).
20. La martre.
21. Une loutre.
22. Une huître.

Sont du masculin environ	25	noms terminés par :	-abe.	Excepté :	1
—	100	—	-ice.	—	14
—	25	—	-ède.	—	1
—	800	—	-age.	—	7
—	25	—	-ège.	—	1
—	25	—	-yle.	—	0
—	100	—	-ème.	—	3
—	50	—	-ome.	—	1
—	75	—	-mme.	—	11
—	1,225	—		—	39

EXCEPTIONS A CES RÈGLES EN LANGAGE COURANT :

-abe.

1. Une syllabe (mais : *un monosyllabe*, etc.)

-ice.

1. Une immondice.
2. Une hélice.
3. La lice.
4. La malice.
5. La milice.
6. La police.
7. La duplice et la tri-plice.
8. Une épice.
9. Une varice.
10. Une avarice.
11. Une cicatrice.
12. Une matrice.
13. Une notice.
14. La justice et l'injus-tice.

-ède.

1. La Suède.

-age.

1. La cage.
2. La plage.
3. Une image.
4. La nage.
5. Une page.
6. La rage.
7. La saxifrage (*plante*).

-ège.

1. La Norvège.

-ème.

1. La Bohème et la bohème.
2. La flème.
3. La crème. La mi-carême (voir page 7, mais : *le carême*).
La pénultienne (voir la remarque page 10).

-ome.

1. La Drôme (*départe-ment de France*).

-mme.

1. Une gamme.
2. Une flamme.
3. Une oriflamme.
4. Une anagramme.
5. Une épigramme.
6. Une carte-télé-gramme (mais : *un télégramme et tous les autres noms ter-minés par* -gram-me).
7. Une gemme.
8. Une maremme.
9. La gomme.
10. Une pomme.
11. Une somme (*argent*, mais : *un somme, sommeil*).

Sont du masculin environ	375	noms terminés par :	-sme.	Excepté :	0
—	75	—	-one.	—	7
—	50	—	-ope.	—	4
—	75	—	-ore.	—	5
—	25	—	-pte.	—	1
—	400	—	-ste.	—	15
—	1,000	—	—	—	32

EXCEPTIONS A CES RÈGLES EN LANGAGE COURANT :

-sme.

Remarque : presque tous ces noms-là représentent des religions, des philosophies, des formes politiques ; exemples : Le christianisme. Le kantisme. Le libéralisme.

-one.

1. Une icone.
2. La belladone.
3. Une anémone.
4. Une aumône.
5. Une crémone.
6. Une zone.
7. Une canzone.

Remarque : cette finale comprend beaucoup d'appareils terminés par ....**phone**, et beaucoup de figures de géométrie terminées par ....**gone**, d'accord avec la règle, ils sont du masculin ; exemples : Le téléphone. Un polygone.

-ope.

1. Une syncope.
2. Une chope.
3. Une escalope.
4. Une antilope.

Remarque : il y a beaucoup de noms terminés par ....**scope**, et, selon la règle, masculins ; exemple : un télescope.

-ore.

1. La flore.
2. Une aurore.
3. Une amphore.
4. Une métaphore.
5. Une pléthore.

-pte.

1. Une crypte.

-ste.

1. Une caste.
2. Une lycaste (*plante*).
3. La geste (*ancien poème*, mais : *le geste*).
4. La peste.
5. Une veste.
6. Une sieste.
7. Une liste.
8. Une piste.
9. La batiste.
10. Une améthyste.
11. La poste.
12. La malle-poste (mais : *un poste* et un *timbre-poste*).
13. Une riposte.
14. La flibuste (*pillage sur mer*).
15. Une langouste.

Les finales compliquées de l'e muet sont : -**ue**, -**ide**, -**ère**, -**ire**.

Elles produisent, en chiffres ronds, dix-sept cents noms.

-ue.

-**ue** (*féminin*).

Les noms terminés par -**ue** sont du féminin. **Exemples** : Une cohue. La berlue. Une cornue. Une issue. Une statue. Une bévue. La banlieue. La boue. La roue. La proue; etc. Il y en a une cinquantaine.

Mais les finales -gue,-que ne sont pas comprises.

-gue.

-**gue** (*féminin*).

Une centaine de noms terminés par -**gue** sont du féminin. **Exemples** : Une bague. Une vague. Une digue. La ciguë. Une ligue. Une drogue. Une synagogue. La vogue. Une fugue. Une harangue. Une algue. La morgue; etc. **Excepté :**

1. Un poudingue.
2. Un exergue.
3. Un orgue (*masculin au singulier, féminin au pluriel*).
4. Le besigue.
5. Un dogue.
6. Un bouledogue.
7. Un bec-figue (*oiseau*; mais : *une figue, fruit*).

-**logue** (*masculin*).

Mais -**gue**, précédé par -**lo**, c'est-à-dire : -**logue**, est du masculin. **Exemples** : Un apologue. Un catalogue. Un prologue. Un épilogue. Un monologue. Un dialogue; etc.

Excepté : une églogue.

-que.

-**que** (*généralités masculines*).

Sur les quelque quatre cents noms terminés par -**que**, plus de deux cents appartiennent aux généralités.

Les noms désignant un homme; exemples : Un monarque. Un exarque, etc.

Les noms représentant **les genres littéraires**; exemples :

Le lyrique. Le didactique (*genre littéraire* — mais : *la didactique, art, science*); etc. **Les styles d'architecture**; exemples : Le dorique. L'étrusque; etc. **Le nom des langues**; exemples : Le tchèque. Le celtique; etc.

Et, en dehors des généralités qui s'appliquent à toutes les terminaisons, **le nom des médicaments et des animaux se terminant par -que**, exemples : Un soporifique. Un anesthésique. Un antiseptique; etc. Un macaque. Un braque. Un phoque. Un moustique. Un mollusque. Un ornithorynque; etc.

Bien entendu, quand il s'agit d'un homme ou d'une femme, **et que le nom est le même**, le genre est déterminé par le sens.

Exemples :

Un ou une catholique. Un ou une fanatique. Un ou une saltimbanque. Un ou une Valaque. Un ou une Basque. Un ou une maniaque. Un ou une ventriloque; etc.

CONCLUSION

Hors les généralités masculines, les noms terminés par **-que** sont du **féminin**.

EXEMPLES :

-que (*féminin*).

Une flaque.	Une défroque.
Une bibliothèque.	Une équivoque.
Une hypothèque.	Une banque.
Une basilique.	La remorque.
Une supplique.	Une bourrasque.
Une chronique.	Une frasque.
Une panique.	Une arabesque.
Une fabrique.	Une fresque.
Une rubrique.	La soldatesque.
La pratique.	La bisque.
La sciatique.	Une brisque.
Une mosaïque.	Une lambrusque.
Une breloque.	Une conque.

6

La pâque.
Une patraque.
La majolique.

Une relique.
Une polémique.
Une encyclique; etc.

EXCEPTIONS

1. Un claque (*chapeau* — mais: *une claque, soufflet*).
2. Un saute-en-barque (*veston* — mais: *une barque*).
3. Un lexique et un panlexique.
4. Le pentateuque et l'octateuque.
5. Un socque.
6. Un attique.
7. Un abaque.
8. Un caïque.
9. Le viatique.
10. Un diptyque et un triptyque.
11. Le laque (mais: *la laque*).
12. Un cloaque.
13. Le zodiaque.
14. Un chèque.
15. Le pique (mais: *une pique*).
16. Le tropique.
17. Le calorique.
18. Un panégyrique.
19. Un cantique.
20. Un élastique.
21. Un cosmétique.
22. Un portique.
23. Un pneumatique.
24. Un colloque.
25. Un soliloque.
26. Un calque.
27. Un décalque.
28. Un catafalque.
29. Un manque.
30. Un cirque.
31. Un casque.
32. Un masque.
33. Un disque.
34. Un risque.
35. Un astérisque.
36. Un obélisque.
37. Un kiosque.
38. Un distique et un monostique.
39. Un tribraque (*métrique — peu usité*).
40. Un amphibraque. —
41. Un alcaïque.   —
42. Un trochaïque.   —

-que (*généralités féminines*).

Les généralités féminines sont :

Les noms qui représentent une femme; exemples : une Grecque. Une Turque. Une odalisque; etc.

Les noms qui représentent **les arts et les sciences** ;
exemples : La musique. La botanique ; etc.
En **géographie** : La Jamaïque. La Martinique.
La Belgique. La verte Adriatique. La Mecque, etc.
Excepté :
1. Le Mexique. 2. L'Atlantique. 3. Le Pacifique.

-ide.

-ide (*féminin*).

Une centaine de noms terminés par **-ide** sont du
féminin ; **exemples :**
Une thébaïde. Une danaïde. Une perséide. Une
guide. Une égide. Une chrysalide. Une pyra-
mide. Une ride. La cantharide. Une bride. Une
abside. Une apside. Une amide (*chimie*). Une
bastide. Une cariatide ; etc.
Excepté :

1. Un bolide.	4. Un liquide.
2. Un rapide.	5. Un subside.
3. Un fluide.	6. Un hybride.

Le vide (*adjectif abstrait — généralité — voir*
page 10).

-cide (*masculin*).

Mais **-ide** précédé par **-c**, c'est-à-dire : **-cide**, est
du masculin, exemples :
Un acide. Un insecticide. Un suicide. Le régicide
(*meurtre*) ; etc.
Naturellement : Un ou une régicide (*homme ou
femme*). Un ou une parricide ; etc.

oïde.

-oïde (*inclassable*).

Quant à la finale **-oïde** elle n'offre guère qu'une
centaine de noms techniques, disgracieux et peu
usités, ils penchent si peu du côté masculin,
qu'il vaut mieux les considérer comme inclassables.

QUELQUES EXEMPLES

	Au masculin :	Au féminin :

-oïde (*inclassable*).

Un astéroïde (*astrono-mie*).

Un anthérozoïde (*bota-nique*).

Un myxinoïde (*zoolo-gie*).

Un solénoïde (*fil métal-lique*).

Une allantoïde (*anato-mie*).

Une épicycloïde (*géomé-trie*).

Une héroïde (*épître en vers*).

Une prasoïde (*topaze vert pâle*).

Remarque : au reste, la plupart des noms ter-minés par **-oïde** sont des adjectifs qui, em-ployés substantivement, prennent le genre et le nombre d'un nom sous-entendu (voir la re-marque, page 10).

____

ère

-ière (*féminin*).
-yère   —
-lère   —
-llère   —

Environ deux cent cinquante noms terminés par **-ière** (*cette finale-là fournit presque tout le total*) **-yère, lère, llère** sont du féminin ; exemples :

La Bavière. Une tourbière. Une pétaudière. Une baleinière. Une clairière. Une civière. Une fon-drière. Une aiguière ; etc. La bruyère ; etc. La colère. Une galère ; etc. Une crémaillère ; etc.

Excepté :

1. Un arrière. 2. Le derrière. 3. Un cimetière.

Le gruyère (*fromage — généralité masculine*).

-tère (*masculin*).

Environ soixante-quinze noms terminés par **-tère** sont du masculin ; **exemples** :

Un quadrilatère. Un cratère. Un presbytère. Un caractère. Un haltère. Un monastère. Un minis-tère. Un mystère. Le Finistère (*département de France*). Un phalanstère ; etc. **Excepté** :

1. Une artère. 2. Une patère. 3. La zostère. 4. Une estère (*natte sur laquelle se couchent les Orien-taux*).

-ère (*plutôt masculin*).

Les autres noms (*une cinquantaine*) terminés par **-ère** sont plutôt du masculin ; **exemples** :

Un réverbère. Un viscère. Un belvédère. Un embar-
cadère et un débarcadère. Un calorifère. Un pla-
nisphère et un hémisphère.

Un repère (s'écrit aussi : *un repaire*); etc.

Excepté :

1. Une ère.	9. Une bergère (*grand fauteuil*).
2. La chère.	
3. Une enchère.	10. Une étagère.
4. Une jachère.	11. La fougère.
5. Une torchère.	12. Une chimère.
6. Une sphère.	13. Une monère.
7. Une atmosphère.	14. Une vipère.
8. Une panthère.	15. La misère.
	16. Une primevère.

Et, cela va sans dire, les noms qui désignent une
femme.

-ire.

Cette finale, en réunissant ses quatre formes : -**ire**,
aire, **oire**, **uire**, offre environ cinq cents noms.

Une trentaine de noms terminés par **ire** sont
inclassables.

-**ire** (*inclassable*).

NOMS LES PLUS USITÉS DANS LA FINALE **ire**.

Au masculin :	Au féminin :
Le dire (*infinitif, géné-ralité*).	La cire.
	Une hégire.
Le bien-dire.	Une tirelire.
Un ouï-dire.	La mire (*être le point de mire, très bonne expression*).
Le zéphir (*vent, géné-ralité*).	
Le délire.	Une spire (*tour d'une spirale*).
Un cachemire.	
Le Cachemire.	La tire (*blason*).
Le pire (*adj. abstrait, généralité*).	Une vire (*panaris*).
Un empire.	Une trévire (*marine, cordage plié en double...*).
Un vampire.	

Le rire.
Le sourire.
Un navire.

Une ire (*colère, peu usité*).
Une lire (*monnaie*).
Une satire.

-aire (*masculin*).

Environ deux cent soixante-quinze noms terminés par **aire** sont du masculin; **exemples :**
Le vulgaire. Un formulaire. Un sommaire. Un pré-
liminaire. Un stationnaire (*bâtiment de guerre
mouillé à l'entrée d'une rade ou d'un port*). Le
sagittaire (*9ᵉ signe du zodiaque*, mais : la sagittaire, *plante*). Un vestiaire. Un annuaire. Un
estuaire (*golfe*). Un sanctuaire; etc. Plus **deux
généralités :**
Les noms qui représentent **un homme**; exemples :
Un vicaire. Un lapidaire. Un récipiendaire. Un
maire. Un militaire. Un notaire; etc.
Le nom de famille des animaux; exemples :
Un apiaire, les apiaires. Un protozoaire, les proto-
zoaires; etc.

EXCEPTIONS :

1. Une aire.
2. Une urticaire.
3. Une affaire.
4. Une chaire.
Une circulaire.
Une perpendiculaire.
Une molaire (*une lettre,
une ligne, une dent,
sont sous-entendues,*
voir la **remarque
page 10**).
5. Une glaire.

6. Une grammaire.
7. Une catilinaire.
8. Une paire.
9. Une moustiquaire.
La statuaire (*art, géné-
ralité*).
10. La judiciaire (*peu
usité*).
11. Une jugulaire.
12. Une haire (*chemise
de crin, peu usité*).

-aire (*féminin*).

Mais, **une centaine de plantes** terminées par
aire sont du féminin; **exemples :**
La pariétaire. La sagittaire; etc. **Excepté :**
1. Le capillaire. 2. Un épiaire (*crosne du Japon*).

Remarque : nombre de noms terminés par **aire**, désignent soit des hommes, soit des femmes ; leur genre, bien entendu, est déterminé par le sens ; exemples : Un ou une propriétaire. Un ou une insulaire. Un ou une visionnaire ; etc.

-oire (*masculin*).

Une centaine de noms terminés par **oire** sont du masculin ; **exemples** :

Le boire. Un ciboire. Un déboire. Un pourboire. Un grimoire. Un mémoire (mais : *la mémoire*). Le provisoire. Un accessoire. Un auditoire. Un prétoire. Un promontoire. Le purgatoire. Un réfectoire. Un réquisitoire. Un ivoire ; etc.

Excepté :

1. Une balançoire.
2. Une foire.
3. Une mâchoire.
4. La Loire.
5. La gloire.
6. La moire.
7. Une armoire.
8. La mémoire (mais : *un mémoire*).
9. Une baignoire (*loge de théâtre*).
10. Une périssoire.
11. Une écritoire.
12. Une histoire.
13. La victoire.
14. Une échappatoire.
15. Une trajectoire.
16. Une nageoire.
17. Une noire (*musique*).

-oire (*féminin*).

A ces exceptions, il faut ajouter une exception générale d'une cinquantaine de noms pour les **ustensiles de cuisine, outils** et **instruments**, exemples : Une lardoire. Une bouilloire. Une écumoire. Une bassinoire. Une passoire. Une rôtissoire. Une radoire. Une jabloire. Une mangeoire ; etc.

-uire (*féminin*).

Cette finale ne donne guère que deux noms féminins :

Une buire (*une buire d'argent, une buire ciselée*). La muire (*eau des marais salants, concentrée par l'évaporation*). Et un nom masculin : Un esquire (*homme, généralité*).

Les finales inclassables de l'e muet sont nombreuses, mais, chacune d'elles offre si peu de noms que, toutes réunies, leur chiffre total est relativement très faible.

Nous allons donner les noms employés dans le langage usuel, les noms peu usités ne figureront que comme spécimens d'une certaine finale.

Selon les cas, les noms masculins serviront d'exceptions aux noms féminins et *vice-versa*.

La première forme n'a pas de finales inclassables.

———

DEUXIÈME FORME

	Sont du masculin :	Sont du féminin :
-rhe.	Un catarrhe.	La myrrhe.
-the.	Un monolithe.	Une chrysolithe.
	Un aérolithe.	Une berthe.
	Un mythe.	Une acanthe (*plante*).
	Un labyrinthe.	La menthe. —
	(*et pas mal de noms*	La jacinthe. —
	techniques autant du	Une absinthe —
	masculin que du	— — (*liqueur*).
	féminin).	
-fle.	Le trèfle.	Une rafle.
	Le souffle.	Une nèfle.
	Le girofle.	Une gifle.
	Le buffle.	Une pantoufle.
	Un maroufle (*homme,*	La maroufle (*colle*).
	généralité).	
-gle.	Un aigle.	Une aigle.
	Le seigle.	Une règle.
	Un ongle.	Une sangle.
	Le bugle.	Une épingle.
	Un angle, etc. (*figures*	Une tringle.
	de géométrie termi-	La jungle.
	nées par-**gle**, *géné-*	
	ralité, voir page 5).	

-bre.

Un candélabre.
Le cinabre.
Un sabre.
Un ambre.
Un arbre.
Le marbre.
Le gingembre.
Un membre.
Un septembre, etc. (*mois, généralité*).
Un calibre.
Un équilibre.
Un concombre.
Un nombre
Un timbre.
Un zèbre.

Une chambre.
Une antichambre.
Une grand'chambre (*principale chambre d'un parlement*).
L'algèbre (*science, généralité*).
Une vertèbre.
Une fibre.
Une ombre.
La pénombre.
Une palabre (*conférence avec un chef nègre, discours que l'on y tient*).

-cre.

Un fiacre.
Un simulacre.
Un sacre.
Un massacre.
Le lucre.
Un sépulcre.
Un cancre.

Une acre.
La nacre.
Une ocre.
Une ancre.
Une encre.

-fre.

Un fifre.
Un chiffre.
Le safre (*oxyde*).
Le soufre.
Un coffre.
Un gouffre.

Une balafre.
Une affre (*ne s'emploie guère qu'au pluriel : les affres de la mort*).
Une offre.
Une gaufre.

-gre.

Un tigre. Le Tigre.
Un chat-tigre.
Un onagre (*âne sauvage*).
Le maigre (*adjectif, généralité*).
Le vinaigre.
Un lougre (*bâtiment de guerre*).

La pègre (*la haute et la basse pègre, voleurs*).
La podagre (*goutte aux pieds*).
La pellagre (*maladie, peu usité*).
La mentagre (*maladie, peu usité*).
La chiragre (*maladie, peu usité*).

-pre

Le pourpre (*couleur, généralité*).

La pourpre.

7

-pre.

Un capre (*vaisseau corsaire*).

Une câpre.

Le vêpre (*le soir*).
Le pampre.
Un stupre.

Les vêpres (*féminin pluriel, service religieux*).
La lèpre.

-vre.

Un livre.
Un œuvre.
Un chef-d'œuvre.
Un hors-d'œuvre.
Un lièvre (*animal*).
Le genièvre.
Le chanvre.
Le givre.
Le poivre.
Le cuivre.
Le vivre.
Un cadavre.
Le Havre.
Le Louvre.

Une livre.
Une œuvre.
Une manœuvre.
La main-d'œuvre.
Une chèvre (*animal*).
Une couleuvre. —
Une pieuvre. —
Une givre (*serpent fantastique*).
Une lèvre.
La fièvre.

TROISIÈME FORME

Sont du masculin :

Sont du féminin :

-be. **-èbe.**

L'érèbe (*dessus de l'enfer*).
Un grèbe (*oiseau*).
Un éphèbe (*jeune homme, généralité*).

La glèbe.
La plèbe.

-ibe.

Un scribe (*homme, généralité*).
Un ou une Caraïbe (*généralité*).

Une bribe.
Une diatribe.

-obe.

Un lobe.
Un globe.
Un microbe.

Une robe.
Une garde-robe.

		Un ou une russophobe, etc. (*homme ou femme, généralité*).	
-ube.		Un cube.	Une aube.
		Un tube.	Une daube.
		Le jujube.	
		Un incube (*démon mâle*).	
		Un succube (*démon femelle*).	
-ybe.		Un clitocybe (*technique*).	
-lbe		Le galbe.	
		Un bulbe (*oignon de plante*).	
-mbe.		Un iambe, etc. (*métrique*).	Une jambe.
		Un dithyrambe.	Une bombe.
		Un nimbe.	Les catacombes (*féminin pluriel*).
			Une colombe.
			Une trombe.
			Une tombe.
			Une hécatombe.
-rbe.		Un verbe.	Une gerbe.
		Un adverbe.	Une herbe.
		Un proverbe.	La superbe.
		Un orbe.	Une sorbe.
		Un soubarbe.	La barbe.
		Un théorbe (*instrument de musique*).	La Sainte-Barbe (*fête de, généralité, voir page 8*).
			La rhubarbe.
			La bourbe.
			Une courbe.
		Un ou une fourbe (*homme ou femme, généralité*).	La fourbe. La tourbe.
-ce.	**-èce.**	Un emporte-pièce (*nom composé d'un verbe et d'un nom, voir page 7*).	Une pièce. Une nièce (*femme, généralité*). Une espèce.

		Un périthèce (bota- nique).	
	-oce.	Le négoce.	Une noce.
		Un sacerdoce.	
	-uce.	Le pouce.	Une sauce.
		Un capuce.	Une puce.
		Le prépuce (technique).	Une astuce.
	-yce.	Un protomyce (botani- que).	
	-cce.	Le mocce (plante de Chine, employée pour vernir les bois).	
	-rce.	Le commerce.	Une farce.
		Le divorce.	Une tierce (musique, escrime).
			Une écorce.
			La force.
			Une amorce.
			Une source.
			Une ressource.
	-sce.		La fasce (blason).
			La vesce (plante).
-de.	-ode.	Un période.	Une période.
		Un mode.	La mode.
		Le code.	Une ode.
		Un synode.	Une pagode.
		Un antipode.	Une commode.
		Un épisode.	Une méthode.
		Un exode.	Une géode (masse miné- rale, creuse, sphéri-
		Un iode.	que, intérieurement
	-yde.	Le leyde.	tapissée de cristaux).
		Un oxyde.	Une chlamyde (manteau grec très ample).
		Un bioxyde, etc.	Une émyde (tortue).
	-lde,	Un solde.	La solde.
		Un tilde (accent).	La demi-solde.
-ge.	-ige.	Un prodige.	La neige.
		Le félibrige (école litté- raire).	Une boule-de-neige.
			Une perce-neige.

Un quadrige.
Un litige.
Un vertige.
Un vestige.
Le prestige.

-oge. Un éloge.
Le martyrologe.

-uge. Le grabuge.
Un refuge.
Un subterfuge.
Un vermifuge.
Un déluge.
Un bouge.
Le rouge (*couleur, gé-
néralité*).

-yge. Un stryge (*vampire*).
-dge. Le bridge.
Le Cambodge.
-nge. Le change (*et tous les
noms terminés par* :
....**change**.
Le libre-échange, etc.).
Le Gange.
Un lange.
Un mélange.
Un losange.
Le linge.
Un songe.
Un mensonge.
Un singe.
Un ange.
Un archange.

-je. Un haje (*serpent-
aspic*).
Un kopje (*colline du
Transvaal*).

-ke   -ake. Un plum-cake.
Un keepsake.

Une tige.
La voltige.
Une volige.
Une strige (*vampire*).

Une loge.
Une horloge.
Une toge.

Une auge.
La sauge (*plante*).
Une jauge (*mesure*).
Une luge (*traîneau*).
Une bauge.
Une gouge (*ciseau du
sculpteur*).

La fange.
Une frange.
Une grange.
Une orange.
Une louange.
Une mésange.
Une phalange.
Une vendange.
Une éponge.
Une longe.
Une prolonge.
Une rallonge.
Une cange (*barque lé-
gère employée sur le
Nil*).

Une bulèje, (*bota-
nique*).

		Un stake, (*enjeu*).	
	-oke.	Le coke.	
	-lke.	Un skielke (*petit traî- neau*).	
-le.	-èle.	Un poèle.	Une poêle.
		Un parallèle (*compa- raison, cercle*).	Une parallèle (*ligne*).
			La cautèle.
		Un asphodèle (*plante*).	La clientèle.
		Un modèle.	Une stèle.
		Un pêle-mêle.	La grêle.
		Le zèle.	
		Un érésipèle ou érysi- pèle.	
	-ile.	Un mobile.	La bile.
		Un automobile (*l'Aca- démie*).	Une automobile (*le pu- blic dit : une*).
		Un cantabile.	Une sébile.
		Un concile.	Une locomobile.
		Un domicile.	Une file.
		Un crocodile.	Une argile.
		Un évangile.	Une pile.
		Le campanile.	Une île.
		Un asile.	Une presqu'île.
		Un ustensile.	Un ou une volatile.
		Un fossile.	Une aile.
		Un voile.	Une voile.
		Un nautile (*mollus- que*).	Une toile.
			Une étoile.
		Un projectile.	Une huile.
		Un reptile.	Une tuile.
		Un antifébrile.	
	-ule.	Un préambule.	Une bascule.
		Un conciliabule.	Une majuscule.
		Un globule.	Une minuscule.
		Un vestibule.	La clavicule.
		Le crépuscule.	La fécule.
		Le pécule.	La matricule.
		Un fascicule.	Une molécule.
		Un monticule.	Une particule.
		Un opuscule.	Une pellicule.

Le ridicule.

Un réticule.

Un tentacule.

Un tubercule.

Un véhicule.

Un conventicule (*petite assemblée secrète et souvent illicite*).

Un perpendicule (*fil à plomb*).

Un théâtricule (*petit théâtre*).

Un animalcule.

Un follicule (*technique*).

Un funicule (*technique*).

Un pédicule (*technique*).

Un pédoncule (*technique*), (*et beaucoup de noms techniques terminés par : ...cule*).

Un granule.

Un scrupule.

Un ergastule.

Un ovule (*futur œuf*).

Le boule (*meuble incrusté d'écaille, d'or, etc.*).

Un moule.

-thle. Le pentathle (*les cinq jeux grecs*).

-nle. Le branle.

Le chambranle.

Une renoncule.

La canicule.

Une vésicule.

Une pendule (*mais : un pendule*).

Une cédule.

La scrofule.

Une virgule.

Une cellule.

Une libellule.

Une pilule.

Une mule.

Une formule.

Une campanule.

Une copule.

Une férule.

Une capsule.

Une péninsule.

Une tarentule.

La rotule.

Une fistule.

Une spatule.

La Vistule.

La Gaule.

Une gaule.

Une épaule.

Une meule.

Une gueule.

Une boule.

La ciboule.

La foule.

Une cagoule.

La houle.

Une moule.

La semoule.

Une poule.

Une ampoule.

-rle.		Un merle (*oiseau*).	Une perle.
		Un herle ou harle. —	La berle (*plante*).
		Le pairle (*blason*).	La derle (*argile pour porcelaine*).
		Un orle (*blason-archi-tecture*).	
	-sle.		La presle (*plante*).
-me.	-ame.	Un blâme.	Une âme.
		Un amalgame.	Une came (*dent d'en-grenage*).
		Le réclame (*terme de chasse*).	La réclame.
		Un dictame.	Une lame.
		Un drame.	Une rame.
		Un mélodrame.	Une trame.
		Un mimodrame.	Une prame (*navire*).
		Un hippopotame.	Une entame.
		Un épithalame (*poème à la louange de nou-veaux époux*).	La jusquiame (*bota-nique*).
		Le cinname (*aromate*).	Une belle-dame (*bota-nique*).
		Le sésame (*plante*).	Une trique-Madame —
		Le carthame —	Une phanérogame. —
		Le cérame (*vase de terre cuite*).	Une cryptogame. —
			Une iguame. —
		Un trou-Madame (*jeu*).	
	ime.	Un abîme.	
		Un décime (*système mé-trique*).	Une cime.
		Un centime —	La dîme.
		Un régime.	Une lime.
		Le sublime (*adjectif abstrait - généralité*, voir page 10).	Une pantomime.
			Une rime.
			Une frime.
		Un crime.	Une prime.
		Un millésime.	Une escrime.
			Une estime.
			La mésestime.
			Une maxime.
			Une scime (*fente au sabot d'un cheval*).
			La quadragésime (*1er di-manche de carême*).

La quinquagésime (*di-
manche gras*).

Une Excellentissime
(*homme ou femme*).

-ume.

Un légume.
Un volume.
Un porte-plume (*voir
page 7*).
Un rhume.
Le bitume.
Un costume.
Un baume.
Le chaume.
Un psaume.
Un royaume.
Un heaume.
Le neume (*ancienne
notation du plain-
chant*).

Une écume.
Une enclume.
Une plume.
La brume.
Une amertume.
Une coutume.
La paume.

-yme.

Le chyme (*technique*).
Le parenchyme —
Un synonyme.
Un pseudonyme.
Un anonyme (*et autres
noms terminés par :
...onyme*).

La cyme (*botanique*).

-gme.

Le flegme.
Un dogme.

Une énigme.

-hme.

Un brahme (*prêtre*).

La vehme (*tribunal
secret*).

-chme.

Un ménechme (*per-
sonne ressemblant
beaucoup à une
autre*).

Une drachme (*mon-
naie*).
Une tétradrachme —

-thme.

Un asthme.
Un isthme.
Un rithme.
Un logarithme.
Un algorithme.

-lme.

Le calme.

8

		Un palme (*mesure, peu usité*).	La palme.
		Un spalme —	
	-rme.	Le charme.	Une arme.
		Le vacarme.	Une larme.
		Le derme.	Une alarme.
		L'épiderme.	Une ferme.
		Un germe.	Une forme.
		Un terme.	Une réforme.
		Un orme.	Une plate-forme.
		Un uniforme.	La norme.
		Le chloroforme.	La gourme.
		Un pachyderme.	Une chiourme.
-ne.	-yne.	Un protogyne (*roche éruptive*).	Une dyne (*technique*).
			Une épigyne. —
		Un androgyne.	
	-cne.	Un tridacne (*zoologie*).	
	-dne.	Un hydne (*botanique*).	
	-lne.	Un aulne.	
	-mne.	Un automne.	Une automne (*peu usité*).
		Un hymne.	Une hymne (*liturgie catholique*).
	-sne.	Un crosne (*légume*).	
		Un chevesne (*poisson*).	
-pe.	-êpe.	Le crêpe.	Une crêpe.
		Un cêpe.	Une guêpe.
	-ipe.	Un principe.	Une tulipe.
		Un participe.	Une pipe.
			Une ripe (*outil*).
			Une tripe.
			Une équipe.
	-ype.	Un type.	Une linotype (*machine*).
		Un polype.	
		Un daguerréotype.	
		Un électrotype.	
	-lpe.	Un scalpe.	La palpe.
		Un poulpe (*mollusque*).	La pulpe.
			La coulpe (*peu usité*).
	-rpe.	Le carpe (*technique*).	Une carpe (*poisson*).

		Un escarpe (*assassin de profession — homme — généralité*).	Une escarpe. Une contrescarpe. Une harpe. Une écharpe. Une serpe.
	-spe.	Le jaspe.	
re.	-are.	Un cigare. Un phare. Un ovipare. Un vivipare. Le curare. Un are. Un hectare. Un square.	Une gabare. Une fanfare. Une gare. Une mare. Une tare. Une guitare. Une cithare. Une tiare.
	-yre.	Un collyre. Un lampyre. Le porphyre. Le martyre.	Une lyre.
	-rre.	Le Finisterre (*cap*). Un bécarre. Le tintamarre. Le parterre. Le tonnerre. Un paratonnerre. Un verre. Le beurre. Un leurre. Le lierre. Un laisser-courre. Un cimeterre.	L'Angleterre. Une barre. Une bagarre. Une jarre. Une simarre. Une amarre. Une serre. La terre. La pierre. La guerre. Une équerre. La bourre.
	-phre.	Le camphre.	
	-thre	Le pyrèthre. Un hypèthre (*édifice à ciel ouvert*).	
	-nre.	Le genre.	
-te.	-yte.	Un électrolyte. Un trachyte (*roche éruptive*).	La baryte (*chimie*). Une thallophyte (*botanique*).
	-cte.	Un acte. Un entr'acte.	Une cataracte. Une collecte.

		Un pacte.	Une secte.
		Un dialecte.	La vindicte.
		Un insecte.	
	-phte.	Un aphte.	
		Le naphte.	
		Un Clephte ou Klepte (*homme — généralité*).	
		Le cophte ou copte (*langue — généralité*).	
	-lte.	Un asphalte.	Une halte.
		Un culte.	Une récolte.
		Un tumulte.	Une volte.
		Un basalte (*roche volcanique*).	Une révolte.
			Une catapulte.
			Une insulte.
	-mte.	Un comte et un vicomte (*hommes — généralité*).	
	-xte.	Un texte.	Une sexte (*peu usité*).
		Un contexte.	Une sixte.
		Un prétexte.	Une prétexte (*robe — peu usité*).
-xe.	**-axe.**	Le saxe (*porcelaine*).	La Saxe (*pays*).
		Un axe.	Une taxe.
		Un scramasaxe ou scamasaxe ou skramasax (*arme gauloise*).	Une surtaxe.
			Une détaxe.
			La syntaxe.
			Une relaxe (*mise en liberté*).
			Une parallaxe (*astronomie*).
	-exe.	Le sexe.	Une annexe.
		Le réflexe.	
	-ixe.	Le fixe (*adjectif — généralité*).	Une rixe.
		Un affixe.	Une antéfixe (*architecture*).
		Un préfixe.	
		Un suffixe.	
	-oxe.	Un paradoxe.	La boxe.

		Un équinoxe.	
	-uxe.	Le luxe.	
	-yxe.		Une blyxe (*plante*).
-ze.	-aze.		La gaze.
			Une topaze.
	-èze.	Un mélèze (*arbre*).	Une alèze (*drap plié
		Un trapèze.	sous un malade*).
	-ize.	Un treize (*chiffre — gé-	Une alize (*fruit*).
		néralité*).	La laize (*largeur d'une
		Un seize —	étoffe entre deux
		Un in-seize.	lisières*).
	-uze.	Un douze (*chiffre — gé-	
		néralité*).	
		Un in-douze.	
	-yze.	Un agromyze (*insecte*).	Une phytomyze(*insecte*).
	-nze.	Un onze (*chiffre — gé-	
		néralité*).	
		Un quinze —	**Remarque** : il n'y a
		Le bronze.	point de noms ter-
	-rze.	Un quatorze (*chiffre —	minés par **-oze.**
		généralité*).	

1. La douceur.	26. La rigueur.	51. L'aigreur.
2. La minceur.	27. La vigueur.	52. La maigreur.
3. La noirceur.	28. La lueur.	53. L'épaisseur.
4. L'ardeur.	29. La blancheur.	54. La grosseur.
5. La candeur.	30. La fraîcheur.	55. La rousseur.
6. La fadeur.	31. L'ampleur.	56. La hauteur.
7. La froideur.	32. La chaleur.	57. La lenteur.
8. La grandeur.	33. La Chandeleur.	58. La pesanteur.
9. La hideur.	34. La couleur.	59. La puanteur.
10. La laideur.	35. La douleur.	60. La senteur.
11. La lourdeur.	36. La pâleur.	61. La défaveur.
12. Une odeur.	37. La souleur.	62. La ferveur.
13. La pudeur.	38. La valeur.	63. La saveur.
14. L'impudeur.	39. La non-valeur.	64. La frayeur.
15. La profondeur.	40. La clameur.	
16. La raideur.	41. La rumeur.	Noms abstraits ou con-
17. La roideur.	42. La teneur.	crets, selon le sens,
18. La rondeur.	43. La rancœur.	mais toujours fémi-
19. La splendeur.	44. La peur.	nins :
20. La tiédeur.	45. La stupeur.	
21. La verdeur.	46. La torpeur.	65. La fleur.
22. La largeur.	47. La fureur.	66. Une humeur.
23. La rougeur.	48. Une erreur.	67. La primeur.
24. La longueur.	49. Une horrreur.	68. La vapeur.
25. La langueur.	50. La terreur.	69. La faveur.

Voir les exceptions masculines page 17.

FIN

168-10. — Coulommiers. Imprimerie Paul BRODARD. — 5-10.

www.ingramcontent.com/pod-product-compliance
Lightning Source LLC
LaVergne TN
LVHW022028080426
835513LV00009B/918